BEI GRIN MACHT SICH IHR WISSEN BEZAHLT

- Wir veröffentlichen Ihre Hausarbeit, Bachelor- und Masterarbeit

- Ihr eigenes eBook und Buch - weltweit in allen wichtigen Shops

- Verdienen Sie an jedem Verkauf

Jetzt bei www.GRIN.com hochladen und kostenlos publizieren

Hans-Jürgen Kleinert

Flexibilisierung von Arbeitszeit und Arbeitsentgelt

Ein Überblick

GRIN Verlag

Bibliografische Information der Deutschen Nationalbibliothek:

Die Deutsche Bibliothek verzeichnet diese Publikation in der Deutschen National-
bibliografie; detaillierte bibliografische Daten sind im Internet über http://dnb.d-
nb.de/ abrufbar.

Impressum:

Copyright © 2014 GRIN Verlag GmbH
Druck und Bindung: Books on Demand GmbH, Norderstedt Germany
ISBN: 978-3-656-73143-6

Dieses Buch bei GRIN:

http://www.grin.com/de/e-book/279627/flexibilisierung-von-arbeitszeit-und-
arbeitsentgelt

GRIN - Your knowledge has value

Der GRIN Verlag publiziert seit 1998 wissenschaftliche Arbeiten von Studenten, Hochschullehrern und anderen Akademikern als eBook und gedrucktes Buch. Die Verlagswebsite www.grin.com ist die ideale Plattform zur Veröffentlichung von Hausarbeiten, Abschlussarbeiten, wissenschaftlichen Aufsätzen, Dissertationen und Fachbüchern.

Besuchen Sie uns im Internet:

http://www.grin.com/

http://www.facebook.com/grincom

http://www.twitter.com/grin_com

Flexibilisierung von Arbeitszeit und Arbeitsentgelt

Überblick

Dr. Hans-Jürgen Kleinert, Rechtsanwalt, Fachanwalt für Arbeitsrecht

Einleitung

Regelmäßig wird die Frage gestellt, ob Arbeitszeit und Arbeitsentgelt geänderten Bedürfnissen von Arbeitgeber und Arbeitnehmer angepasst werden können. Die Antwort auf diese Frage scheint zunächst einfach. Auch im Arbeitsrecht gilt der Grundsatz, dass bestehende Verträge einzuhalten sind. Grundsätzlich gilt auch für das Arbeitsrecht, dass ein Vertragspartner eine bestehende Vereinbarung nur mit Zustimmung des anderen Vertragspartners ändern darf.[1] Eine Reduzierung von Arbeitszeit und eine Reduzierung von Arbeitsentgelt darf der Arbeitgeber also grundsätzlich nur dann vornehmen, wenn der Arbeitnehmer zustimmt. Auch mit Zustimmung des Arbeitnehmers kann der Arbeitnehmer eine Reduzierung von Entgelt und Arbeitsbedingungen nicht wirksam vornehmen, wenn der Arbeitnehmer dadurch schlechter stehen würde, als dies tariflich geregelt ist.

Stimmt der Arbeitnehmer nicht zu, hat der Arbeitgeber nur die Möglichkeit eine Beendigungskündigung oder eine Änderungskündigung auszusprechen.

Allerdings kann bereits bei Abschluss des Arbeitsvertrags die Möglichkeit einer künftigen Reduzierung des Entgelts und der Veränderung der Arbeitszeit vorgesehen sein.

---

[1] Eine Ausnahme ist das Teilzeit-und Befristungsgesetz, das Arbeitnehmern in Betrieben mit mindestens 15 Arbeitnehmern die Möglichkeit gibt, eine Reduzierung der Arbeitszeit und gleichzeitig eine geänderte Lage der Arbeitszeit zu verlangen, wenn dem kein sachlicher Grund entgegensteht.

Inhalt

4

§ 1   Reduzierung der Arbeitszeit

I.   Arbeit auf Abruf

1.   Allgemeines

Die gesetzlich geregelte Arbeit auf Abruf gibt dem Arbeitgeber die höchst mögliche Flexibilität. Arbeitgeber und Arbeitnehmer können vereinbaren, dass der Arbeitnehmer seine Arbeitsleistung entsprechend dem Arbeitsanfall zu erbringen hat (Arbeit auf Abruf).[2] Die Vereinbarung muss eine bestimmte Dauer der wöchentlichen und täglichen Arbeitszeit festlegen. In der Literatur ist streitig, ob die Vorschriften zur Arbeit auf Abruf auch auf ein Vollzeitarbeitsverhältnis zur Anwendung kommen.[3]

Gleitzeit, Arbeitsbereitschaft, Rufbereitschaft und Bereitschaftsdienst fallen ebenso wenig unter die Vorschriften zur Arbeit auf Abruf wie die Anordnungen von Überstunden und Kurzarbeit.

2.   Mindestarbeitszeit bei Arbeit auf Abruf

Wenn die Mindestarbeitszeit vertraglich nicht festgelegt ist, gilt eine wöchentliche Arbeitszeit von zehn Stunden.[4]

Diese Vorschrift ist allerdings nicht zwingend. Es können auch weniger als zehn Stunden wöchentlich vereinbart werden.[5]

Wenn der Arbeitgeber den Arbeitnehmer nur weniger als zehn Stunden beschäftigen will, muss dies vertraglich geregelt werden. Der Arbeitnehmer kann sonst Vergütung für zehn Stunden verlangen.

3.   Ankündigungsfrist

Der Arbeitgeber muss dem Arbeitnehmer die Lage der Arbeitszeit jeweils mindestens vier Tage im Voraus mitteilen.[6]

---

[2] § 12 I 1 Teilzeit- und Befristungsgesetz.
3 Nein: Erfurter Kommentar Preis § 12 TzBfG Randziff. 8.
4 § 12 Abs. 1 Satz 3 Teilzeit- und Befristungsgesetz.
5 BAG vom 07.12.2005 - 5 AZR 535/04, NZA 2006, 423, 426.

4. Mindestarbeitszeit

Wenn keine kürzere tägliche Arbeitszeit vereinbart ist, gilt eine tägliche Arbeitszeit von mindestens drei Stunden.[7] Abweichende Vereinbarungen sind möglich. Erforderlich ist, die kürzere Arbeitszeit bereits im Arbeitsvertrag zu vereinbaren.[8]

Wird arbeitsvertraglich zugunsten des Arbeitgebers aber das globale Recht eingeräumt, weniger als drei Stunden täglich abzurufen, wird eine entsprechende Klausel als unwirksam angesehen.[9]

5. Verhältnis zwischen Mindestarbeitszeit und abrufbarer Arbeit

Nach der Rechtsprechung des Bundesarbeitsgerichts ist es dem Arbeitgeber nicht erlaubt, das Verhältnis zwischen Mindestarbeitszeit und abrufbare Arbeit beliebig zu gestalten.

Die bei einer Vereinbarung von Arbeit auf Abruf einseitig vom Arbeitgeber abrufbare Arbeit des Arbeitnehmers darf nicht mehr als 25 % zu der vereinbarten wöchentlichen Mindestarbeitszeit betragen bzw. nicht mehr als 20% unter der vereinbarten Zeit liegen.[10] Wird diese Grenze bei der Vertragsgestaltung nicht beachtet, besteht die Gefahr, dass die Gerichte im Wege der Vertragsauslegung zu der jeweils längeren Stundenzahl gelangen und von einer entsprechenden starren Arbeitszeit ausgehen.[11] In der Literatur wird die Grenze teilweise als zu schematisch angesehen.[12]

Eine Kumulation der Möglichkeit zur Erhöhung um 25 % und der Reduzierung um 20 % ist nicht möglich; dadurch würden 45% der Arbeitszeit dem Leistungsbestimmungsrecht des Arbeitgebers unterliegen.[13]

---

6 § 12 Abs. 2 Teilzeit- und Befristungsgesetz
7 § 12 Abs. 1 Satz 4 Teilzeit- und Befristungsgesetz
8 Erfurter Kommentar - Preis § 12 Randziff. 22
9 Erfurter Kommentar - Preis § 12 Randziff. 23
10 BAG 07.12.2005 - 5 AZR 535/04, NZA 2006 423, 428
11 Preis/Lindemann II A Rz. 56ff
12 Thüsing, AGB-Kontrolle im Arbeitsrecht Rz.263.
13 Bauer/Günther, DB 2006, 950, 951.

Bei befristeter Erhöhung der Arbeitszeit gelten diese Grundsätze nach Auffassung des Bundesarbeitsgerichts allerdings nicht. Geprüft wird nur, ob die Befristung wirksam ist.[14] Allerdings wird im Interesse der Rechtssicherheit empfohlen, die 25% Grenze bei der Vertragsgestaltung zu beachten.[15]

6. Arbeitszeitguthaben und Arbeitszeitdefizite

Zulässig ist, Arbeitszeitguthaben und Arbeitszeitdefizite aufkommen zu lassen. Zulässig ist auch, Jahresarbeitszeitverträge abzuschließen. Der Abruf im Block wird als zulässig angesehen.[16]

Allerdings muss § 3 Satz 2 Arbeitszeitgesetz beachtet werden, wonach bei Anordnung von Arbeitszeit bis zu zehn Stunden täglich ein Ausgleich innerhalb von sechs Kalendermonaten oder innerhalb von 24 Wochen erfolgen muss.[17]

7. Ermessensausübung bei Abruf

Bei Abruf der einzelnen Arbeitsleistungen muss der Arbeitgeber nach billigem Ermessen handeln.[18] Dies bedeutet, dass der Arbeitgeber auch familiäre und weitere berufliche Verpflichtungen, Freizeitinteressen und Abhängigkeit von öffentlichen Verkehrsmitteln berücksichtigen muss.[19]

Eine Konkretisierung der Lage der Arbeitszeit kann bei längerer Übung in Betracht kommen. Abgestellt wird auf die Dauer und die jeweiligen Umstände des Einzelfalles. Eine Konkretisierung der Lage der Arbeitszeit kommt in Betracht schon nach einer Zeitspanne zwischen 1 1/2 und 4 1/2 Jahren.[20]

---

14 BAG Urteil vom 08.08.2007 – 7 AZR 855/06, NZA 2008, 229, 230 (Rz.20).
15 Preis, Arbeitsvertrag II V 70 Rz.94.
16 Erfurter Kommentar Preis § 12 TzBfG Randziff. 17 ff
17 § 106 GewO
18 § 106 GewO
19 Erfurter Kommentar Preis § 12 TzBfG Rz. 33; AnwK-ArbR/Boecken, § 106 GewO, Rn. 88 ff; Preis /Lindemann II A 90 Rz. 157; Bauer/Günther, Heute lang – morgen kurz – Arbeitszeit nach Maß, DB 2006, 950,951.
20 Erfurter Kommentar Preis § 12 TzBfG Randziff. 34

II. Arbeitszeitkonten

1. Allgemeines

Der entscheidende Unterschied zwischen Abrufarbeit und den Formen der
Arbeitszeitkonten ist, dass der Arbeitgeber bei der Abrufarbeit einseitig berechtigt ist,
eine Arbeitsleistung abzurufen. Bei Arbeitszeitkonten erfolgt die Verteilung der
Arbeitszeit im Einvernehmen zwischen Arbeitgeber und Arbeitnehmer.[21]

Die Praxis kennt verschiedene Formen. Unterschieden werden Langzeit- , Kurzzeit
und Ampelkonten.

2. Kurzzeitkonten

Bei Kurzzeitkonten soll der Ausgleich innerhalb eines relativ kurzen Zeitraums
erfolgen. Der Abbau solcher Kurzzeitkonten erfolgt durch Gewährung von einzelnen
freien Stunden oder Tagen. Gedacht ist an einen Zeitraum von beispielsweise 12
Monaten.[22]

3. Langzeitkonten

Auf Langzeitkonten soll ein umfangreiches Arbeitszeitguthaben angesammelt werden
um

-      sich für einen längeren Zeitraum aus der Arbeitswelt zurückzuziehen,

-      eine zeitintensive Familienphase einzulegen oder

-      in den vorgezogenen Ruhestand zu gehen.[23]

4. Ampelkontenmodelle

Bei sogenannten Ampelkontenmodellen unterliegt es der jeweiligen
Eigenverantwortung des Arbeitnehmers Abbau und Aufbau der Stunden zu

---

21 Arens/Düwell/Wichert, Handbuch Umstrukturierung und Arbeitsrecht § 2 Randziff. 87; Erfurter
Kommentar Wank § 3 Arbeitszeitgesetz Rz. 16 ff..
22 Preis/Necati/Suhre S. 167
23 Preis/Necati/Suhre S. 167.

überwachen. Die Grenzwerte sind abhängig von Vereinbarungen im Betrieb einzuhalten. Möglich ist beispielsweise ein Modell mit folgenden Grenzwerten:

- Grüner Bereich z. B. von plus/minus 15 bis plus/minus 50

- Gelber Bereich z. B. von plus/minus 15 bis 25 bis plus/minus 50 bis 100 Stunden und

- Roter Bereich z. B. von plus/minus 25 bis plus/minus 100 bis 150 Stunden

Vergütungspflichtige Mehrarbeit liegt vor, wenn die genannten Grenzen überschritten werden.[24]

Ein fiktiver Saldo stellt einen Lohn- bzw. Gehaltsvorschuss dar. Spätestens mit der Beendigung des Arbeitsverhältnisses hat der Ausgleich zu erfolgen.[25]

Ein Arbeitszeitguthaben kann mit Beendigung des Arbeitsverhältnisses übertragen werden. Ein bestehendes Kontoguthaben ist vererbbar.[26]

III. Kurzarbeit

Der Mangel an Arbeit berechtigt den Arbeitgeber nicht zur Einführung von Kurzarbeit. Rechtsgrundlage zur Einführung von Kurzarbeit kann sein:

- Tarifvertrag

- Betriebsvereinbarung[27]

- Individualvereinbarung mit dem Arbeitnehmer

Wenig praktikabel und für den Arbeitgeber mit erheblichen finanziellen Risiken verbunden, dürfte der in der Literatur vorgeschlagene Weg über eine Änderungskündigung sein.[28]

---

24 Preis/Necati/Suhre S. 174.
25 BAG Urteil vom 13.12.2000 - 5 AZR 334/1999= NZA 2002 390, 392.
26 Preis/Necati/Suhre S. 177, 178.
27 BAG vom 29.11.1978. Der Betrieb 1979, 995

Arbeitsvertragliche Regelungen, die den Arbeitgeber berechtigen, einseitig Kurzarbeit einzuführen verstoßen nach der Rechtsprechung des BAG gegen Kündigungsrecht und sind unwirksam.[29] Allerdings wird eine Regelung zur Einführung von Kurzarbeit als wirksam angesehen, die auf das Vorliegen der gesetzlichen Voraussetzungen für die Gewährung von Kurzarbeitergeld nach § 169 SGB III abstellt.[30]

§ 2   Kürzung von Entgelt

I.   Allgemeines

Eine Kürzung von Entgelt kommt nur dann in Betracht, wenn dies aufgrund vertraglicher oder tarifvertraglicher Regelungen möglich ist oder wenn Zahlungen freiwillig erfolgt sind und ein wirksamer Freiwilligkeitsvorbehalt besteht. Eine Kürzung ist sonst nur möglich, wenn der Arbeitnehmer zustimmt.

Unsicherheiten ergeben sich daraus, dass die Gestaltung eines Arbeitsvertrages der Wirksamkeitskontrolle nach den §§ 305 folgende BGB unterliegt. Bei den Regelungen eines Arbeitsvertrages handelt es sich in der Regel um so genannte allgemeine Geschäftsbedingungen. Ob eine allgemeine Geschäftsbedingung wirksam ist, hängt davon ab, ob bestimmte Kriterien erfüllt sind. Außerdem sind Arbeitsverträge nach Auffassung des Bundesarbeitsgerichts Verbraucherverträge im Sinne des § 310 III BGB. Die Kontrolle hat nach § 310 III Nr. 2 BGB auch dann zu erfolgen, wenn der Vertrag nur zur einmaligen Verwendung bestimmt ist.[31] Im Fall der Unwirksamkeit der Klausel fällt die Klausel ersatzlos weg. Bei Wegfall der unwirksamen Klausel gelten die gesetzlichen Regelungen.

---

28 Dendorfer/Krebs, Kurzarbeit und Kurzarbeitergeld – Überblick unter Berücksichtigung des Konjunkturpakets II DB 2009, 903, 903.
29 BAG vom 18.10.1994, NZA 1995, 1064.
30 Preis/Lindemann II A Rz. 79 – erheblicher Arbeitsausfall mit Entgeltausfall, Vorliegen der persönlichen und betrieblichen Voraussetzungen, der Arbeitsausfall muss der Agentur für Arbeit angezeigt worden sein; Dendorfer/Krebs, Kurzarbeit und Kurzarbeitergeld – Überblick unter Berücksichtigung des Konjunkturpakets II DB 2009, 903, 903..
[31] BAG Urteil vom 08.08.2007 – 7 AZR 855/06 NZA 2008, 229; BAG 25.05.2005, NZA 2005, 1111.

Die Zustimmung kann auch durch schlüssiges Verhalten erteilt werden. Dies ist der Fall, wenn der Arbeitnehmer in Kenntnis des Änderungsangebots entsprechend der Drei-Wochenfrist für die Annahme des Angebots unter Vorbehalt der Sozialrechtfertigung weiterarbeitet.[32] Voraussetzung ist allerdings, dass die Vertragsänderung unmittelbar im Arbeitsverhältnis hervortritt.[33] Das bloße Weiterarbeiten reicht nicht, wenn keine fassbare Änderung eintritt, wie dies bei einer Zahlung der Fall ist.[34]

Unterschieden wird zunächst danach, ob Grund der Zahlung

- geleistete Arbeit oder,

- bisherige Betriebstreue und erwartete Betriebstreue sind.

Bei Zahlungen für geleistete Arbeit handelt es sich um Vergütungs- und Vergütungsbestandteile. Widerruf und Kürzung unterliegen dann erheblichen Einschränkungen.

Bei Zahlungen, die als Anerkennung für bisherige Betriebstreue und in Erwartung künftiger Betriebstreue geleistet werden, wird von Vergütungsnebenbestandteilen gesprochen.[35] Bezeichnet werden die Vergütungsnebenbestandteile als Sonderzuwendungen/Gratifikationen wie Weihnachtsgeld oder Urlaubsgeld und Halteprämie.[36] Eine Halteprämie verspricht der Arbeitgeber dafür, dass der Mitarbeiter das Arbeitsverhältnis nicht selbst kündigt.[37] Vergütungsnebenbestandteile haben je nach Ausgestaltung geringeren oder keinen Bestandsschutz.

Zur Vergütung für geleistete Arbeit gehören auch Überstundenzuschläge, Mehrarbeitsvergütung und Erschwerniszulagen.[38]

---

[32] Hromadka, Arbeitsrecht für Vorgesetzte, § 7 Rz. 73
[33] BAG vom 18.03.2009 – 10 AZR 281/08, NZA 2009, 601, 602
[34] BAG vom 18.03.2009 – 10 AZR 281/08, NZA 2009, 601, 603
[35] Lemke, Die Gestaltung von Vergütungsvereinbarungen, NJW 2010, 257, 259ff.
36 Arens-Düwell-Wichert § 3 Randziff. 9 ff; Palandt-Weidenkaff § 611 Rz 81 ff.
[37] BAG, Urteil vom 12.09.2013, 6 AZR 913/11, Rz. 27 zu einer Halteprämie über 81.600 €.
38 Palandt-Weidenkaff § 611 Rz 59;Erfurter-Kommmentar-Preis § 611 Rz. 480 ff.

Grundsätzlich kann bereits im Arbeitsvertrag die Möglichkeit vorgesehen sein, eine Reduzierung der Vergütung vorzunehmen durch:

- Widerrufsvorbehalt

- Freiwilligkeitsvorbehalt

- Anrechnungsvorbehalt

- Teilbefristung.

Diese sogenannten Änderungsvorbehalte werden vom BAG unterzogen einer

- Angemessenheitskontrolle sowie

- einer Ausübungskontrolle bezogen auf den jeweiligen Einzelfall.[39]

Eine absolute Untergrenze hat das Bundesarbeitsgericht in einer Entscheidung vom 22.04.2009 formuliert. Danach ist die Regelung unwirksam, wenn die Arbeitsvergütung nicht einmal zwei Drittel eines in der betreffenden Branche und Wirtschaftsregion üblicherweise gezahlten Tariflohns erreicht. Eine Üblichkeit der Tarifvergütung kann angenommen werden, wenn mehr als 50 % der Arbeitgeber eines Wirtschaftsgebiets tarifgebunden sind oder wenn die organisierten Arbeitgeber mehr als 50 % der Arbeitnehmer eines Wirtschaftsgebiets beschäftigen.[40]

---

39 BAG vom 12.01.2005, AP Nr. 1 zu § 308 BGB= NZA 2005,465; BAG vom 07.12.2005, AP Nr. 4 zu § 12 TzBfG=NZA 2006, 423,426; Preis/Lindemann, NZA 2006, 632.
40 BAG vom 22.04.2009 – 5 AZR 436/08, Der Betrieb 2009, 1599 1600.

II. Widerrufsvorbehalt bei übertariflichen Leistungen und Ersatz für Aufwendungen

1. Angemessenheitskontrolle

a. Höhe des widerruflichen Anteils

Die Vereinbarung eines auf übertarifliche Leistung bezogenen Widerrufsvorbehalts in einem Formulararbeitsvertrag ist nur wirksam, wenn der widerrufliche Anteil unter 25 % bis 30 % der Gesamtvergütung liegt und der Widerruf nicht grundlos erfolgen soll.[41]

Die widerrufliche Leistung muss nach Art und Höhe eindeutig sein. Die Vertragsklausel muss außerdem zumindest die Richtung angeben, aus der der Widerruf möglich sein soll (wirtschaftliche Gründe, Leistung oder Verhalten des Arbeitnehmers).[42]

Das Bundesarbeitsgericht hält die Vereinbarung eines Widerrufsvorbehalts grundsätzlich für zulässig, soweit der widerrufliche Anteil am Gesamtverdienst unter 25 bis 30 % liegt und der Tariflohn nicht unterschritten wird. Dem Arbeitnehmer wird hier nach Auffassung des Bundesarbeitsgerichts zu seinem Vorteil eine Leistung zusätzlich zu dem üblichen Entgelt gewährt. Der Arbeitgeber ist dann bis zur Grenze der Willkür frei, die Voraussetzungen des Anspruches festzulegen und dementsprechend auch den Widerruf zu erklären.[43]

Dies hat das Bundesverfassungsgericht bestätigt.[44]

Eine Kumulation der Möglichkeit zur Erhöhung um 25 % und der Reduzierung um bis zu 20 % ist nicht möglich. Die vereinbarte Arbeitszeit würde dadurch um 45 % der Disposition des Arbeitgebers unterliegen.[45]

---

[41] BAG Urteil vom 12.01.2005 - 5 AZR 364/04, NZA 2005, 465.
42 BAG Urteil vom 12.01.2005 - 5 AZR 364/04, NZA 2005, 465, 468
43 BAG Urteil vom 12.01.2005 - 5 AZR 364/05, NZA 2005, 465, 467
44 Bundesverfassungsgericht, Beschluss vom 23.11.2006 - 1 BvR 1909/06, NZA 2007, 85 ff.

b. Widerrufsgrund klar erkennbar – Transparenz

Das Bundesarbeitsgericht verlangt allerdings, dass der Arbeitnehmer erkennen kann, "was auf ihn zukommt". Deshalb müssen Voraussetzung und Umfang der vorbehaltenen Änderungen möglichst konkretisiert sein. Die widerrufliche Leistung muss nach Art und Höhe eindeutig sein, damit der Arbeitnehmer dies erkennen kann.[46]

Auch angesichts der Besonderheiten des Arbeitsrechts lassen sich nach Auffassung des Bundesarbeitsgerichts Widerrufsgründe zumindest der Richtung nach angeben, aus der der Widerruf möglich ist nämlich

- wirtschaftliche Gründe,

- Leistung des Arbeitnehmers

- Verhalten des Arbeitnehmers.

Der Grad der Störung

- wirtschaftliche Notlage des Unternehmens,

- negatives wirtschaftliches Ergebnis der Betriebsabteilung,

- nicht ausreichender Gewinn, Rückgang bzw. –

- Nichterreichen der erwarteten wirtschaftlichen Entwicklung,

- unterdurchschnittliche Leistung des Arbeitnehmers oder

- schwerwiegende Pflichtverletzung

muss konkretisiert werden, wenn der Verwender hierauf abstellen will und nicht schon allgemein auf die wirtschaftliche Entwicklung, die Leistung oder das Verhalten

---

[45] Bauer/Günter, Heute lang, morgen kurz – Arbeitszeit nach Maß!, DB 2006, 950,951.
46 BAG Urteil vom 11.10.2006 - 5 AZR 721/05, NZA 2007, 87, 88 folgende

des Arbeitnehmers gestützte Gründe nach dem Umfang des Änderungsvorbehalts ausreichen und auch der Vertragsregelung ausreichen sollen.[47]

Genügt die Regelung diesen Anforderungen nicht, ist sie unwirksam. Der Widerrufsvorbehalt fällt dann ersatzlos weg.

c. Zweckgebundene Zulagen – Widerruf

Ein Widerruf ist nicht erforderlich, wenn der Arbeitgeber in Verkennung tariflicher Vorschriften eine Zulage ohne Rechtsgrund zahlt.[48] Diese Zahlung kann der Arbeitgeber einstellen und zurückfordern.[49]

Erschwerniszulagen können bei entsprechendem Vorbehalt widerrufen werden, wenn der Grund der Erschwernis für den Arbeitnehmer wegfällt.[50] Nacht- und Wechselschichtzulagen entfallen bei zulässiger Versetzung in die Tagschicht.[51] Leistungszulagen sind anrechnungsfest, weil sie einen selbständigen Lohnbestandteil darstellen.[52] Sozialzulagen wie Kinder- Verheirateten- Alters- und Ortzulagen werden teilweise auch widerruflich gewährt.[53]

2. Ausübungskontrolle

Neben der Überprüfung der Wirksamkeit der Klausel (Inhaltskontrolle) steht die Ausübungskontrolle. Die bedeutet, dass der Widerruf im Einzelfall billigem Ermessen entsprechen muss.[54]

Bei der Ausübung des Widerrufs ist eine Stufenfolge zu beachten. Der Arbeitgeber muss zunächst Leistungen widerrufen, die nicht im Gegenseitigkeitsverhältnis stehen.[55]

---

47 BAG Urteil vom 11.10.2006 – 5 AZR 721/05 , NZA 2007, 87,90 f
48 Erfurter-Kommentar-Preis § 611 BGB Rz. 480.
49 Erfurter-Kommentar-Preis § 611 BGB Rz. 408.
50 BAG 30.08.1972 AP Nr. 6 zu § 611 BGB Lohnzuschläge
51 Erfurter-Kommentar-Preis § 611 Rz. 482.
52 Erfurter-Kommentar-Preis § 611 Rz. 483.
53 Erfurter-Kommentar-Preis § 611 Rz. 484.
54 BAG Urteil vom 12.01.2005, NZA 2005, 465, 469; BAG Urteil vom 11.10.2006 - 5 AZR 721/05, NZA 2007, 87, 90 folgende; Thüsing, AGB-Kontrolle im Arbeitsrecht Rz.277.

Erst wenn der Widerruf nicht im Gegenseitigkeitsverhältnis stehender Leistungen zum Ausgleich der Mehrbelastungen nicht mehr ausreicht, kommt der Widerruf von im Gegenseitigkeitsverhältnis stehenden Leistungen in Betracht.[56]

III. Anrechnungsvorbehalte

1. Nicht zweckgebundene Zulagen

Nicht speziell für Gegenleistungszwecke vereinbarte Zulagen dürfen auch ohne ausdrücklichem Widerrufs- und Anrechnungsvorbehalt mit Tariflohnerhöhungen im Zeitpunkt der Anhebung des Tariflohns verrechnet werden.[57]

Dies gilt nicht, wenn arbeitsvertraglich eine gegenteilige Regelung getroffen ist.[58]

2. Zweckgebundene Zulagen

Dies gilt allerdings nicht für zweckgebundene Zulagen. Bei zweckgebundenen Zulagen ist von Tariffestigkeit der Zulagen auszugehen.[59]

3. Anrechnungsvorbehalt ausdrücklich regeln

Es wird dringend empfohlen, einen ausdrücklichen Anrechnungsvorbehalt aufzunehmen, damit der Arbeitnehmer erkennen kann, dass seine übertariflichen Lohnbestandteile nur solange effektiv wirken, bis eine Tariflohnerhöhung erfolgt.[60]

Wird in Allgemeinen Geschäftsbedingungen eine Zulage unter dem Vorbehalt der Anrechnung gewährt, ohne dass die Anrechnungsgründe näher bestimmt sind, führt

---

55 Hanau/Preis, Die Kündigung von Betriebsvereinbarungen, NZA 1991, 81, 92 folgende.
56 Preis Arbeitsvertrag II V 70 Randziff. 28
57 BAG Großer Senat 03.12.1991 - GS 2/90, NZA 1992, 749; Hoß, Neue Rechtsprechung zur Anrechnung der Tariflohnerhöhung, NZA 1997, 1129, 1138; Schneider, Die Anrechnung von Tarifverbesserungen, insbesondere Tariflohnerhöhungen, auf übertarifliche Vergütungsbestandteile, DB 1993, 2530.
58 BAG 22.09.1992 - 1 AZR 235/90, NZA 1993, 232; BAG 03.06.1998,DB 1999, 102; Thüsing, AGB-Kontrolle im Arbeitsrecht Rz.284
59 BAG 14.08.2001 – 1 AZR 744/00, NZA 2002, 342; BAG 07.02.1996 - 1 AZR 657/95, NZA 1996, 832.
60 Preis, Arbeitsvertrag II V70 Rz.36; Arens/Düwell § 3 Rz.169 ff.; Thüsing, AGB-Kontrolle im Arbeitsrecht, Rz.287.

dies nicht zur Unwirksamkeit nach § 308 Nr. 4 BGB. Eine solche Klausel verstößt auch nicht gegen das Transparenzgebot des §§ 307 Abs. I 1 BGB.[61]

Auch wenn mit der Zulage besondere Leistungen des Arbeitnehmers vergütet werden, ist die wirksame Regelung eines Anrechnungsvorbehalts nach dieser Entscheidung des Bundesarbeitsgerichts möglich. Die Anrechnung der Tariferhöhung führt nicht zu einer Veränderung der Vergütungshöhe. Insoweit unterscheidet sich die Anrechnung vom Widerruf einer Zulage, die zu einer Kürzung des gesamten Verdienstes führt[62].

IV. Freiwilligkeitsvorbehalt bei Gratifikationen – Vergütungsnebenbestandteile

1. Allgemeines

Wenn ein wirksamer Freiwilligkeitsvorbehalt vereinbart ist, besteht auch bei wiederholter Zahlung von Gratifikationen kein Anspruch für die Zukunft. Allerdings verlangt das Bundesarbeitsgericht, dass der Arbeitgeber unmissverständlich zum Ausdruck bringt, dass er sich die jederzeitige Lösung von der Leistungszusage vorbehält. Die bloße Bezeichnung einer Sozialleistung als freiwillig genügt nicht.[63]

Soll ein Freiwilligkeitsvorbehalt Arbeitsentgelt im engeren Sinne erfassen (Leistungszulage), widerspricht dies dem Sinn des Arbeitsvertrags. Die Möglichkeit des Arbeitgebers, die Zahlung laufender Entgeltbestandteile einzustellen, beeinträchtigt den Arbeitnehmer grundlegend.[64] Dies ist nicht möglich.

---

61 BAG 01.03.2006 – 5 AZR 363/05, Der Betrieb 2006, 1377
62 BAG 01.03.2006 – 5 AZR 363/05, Der Betrieb 2006, 1377, 1378.
63 BAG Urteil vom 01.03.2006 AP Nr. 3 zu § 308 BGB; BAG 12.01.2005 AP Nr. 1 zu § 308 BGB = NZA 2005, 465.
64 BAG 25.04.2007 – 5 AZR 627/06, NZA 2007, 853, 855; Gaul, Der Abschied vom Freiwilligkeitsvorbehalt, Festschrift für Hromadka, 99, 101ff.

2. Keine Begründung eines Freiwilligkeitsvorbehalts aufgrund gegenläufiger betrieblicher Übung

Der Arbeitgeber konnte nach mehrjähriger Rechtsprechung des Bundesarbeitsgerichts einen durch betriebliche Übung begründeten Anspruch auf Zahlung einer Gratifikation durch eine gegenläufige betriebliche Übung aufheben.[65]

Entschieden hatte das Bundesarbeitsgericht dies für Gratifikationszahlungen. Wenn der Arbeitgeber erklärt hatte, die Zahlung der Gratifikation sei eine freiwillige Leistung auf die zukünftig kein Rechtsanspruch bestehe, und die Arbeitnehmer der neuen Handhabung über einen Zeitraum von drei Jahren hinweg nicht widersprochen haben, war der Arbeitgeber aufgrund der dadurch zu Stande gekommenen konkludenten Vereinbarung nicht mehr zur Zahlung der Gratifikation verpflichtet. Begründet hatte das Bundesarbeitsgericht dies damit, dass es sich bei dem durch betriebliche Übung begründeten Anspruch um einen vertraglichen Anspruch handele, der auch wieder durch Vertrag oder Änderungskündigung beseitigt werden könne.[66]

Im arbeitsrechtlichen Schrifttum wurde die Auffassung des Bundesarbeitsgerichts überwiegend abgelehnt. Das Bundesarbeitsgericht hat diese Rechtsprechung jetzt aufgegeben.[67] Erklärt der Arbeitgeber nun, die bisherige betriebliche Übung einer vorbehaltlosen Gratifikationszahlung werde beendet und durch eine Leistung ersetzt, auf die in Zukunft kein Rechtsanspruch mehr bestehe, stelle dies ein Änderungsangebot dar. Dieses Änderungsangebot gelte für eine Vielzahl von Verträgen und stelle damit eine vorformulierte Vertragsbedingung im Sinne von § 305 Abs. 1 BGB dar.[68] Durch eine dreimalige widerspruchslose Annahme einer ausdrücklich unter dem Vorbehalt der Freiwilligkeit gezahlten Gratifikation werde die Verpflichtung des Arbeitgebers zur Gratifikationszahlung aus betrieblicher Übung

---

65 BAG Urteil vom 26.03.1997 – 10 AZR 612/96, NZA 1997, 1007, 1008
66 BAG Urteil vom 26.03.1997 – 10 AZR 612/96, NZA 1997, 1007, 1008
67 BAG Urteil vom 18.03.2009 - 10 AZR 281/08, NZA 2009, 601 ff.
68 BAG Urteil vom 18.03.2009 - 10 AZR 281/08, NZA 2009,601, 603.

nicht beendet. Dies sei mit dem in § 308 Nr. 5 BGB geregelten Klauselverbot für fingierte Erklärungen nicht zu vereinbaren.

Wenn eine an ein Schweigen geknüpfte Fiktionswirkung eintreten solle, müsse dies nach § 308 Nr. 5 BGB nicht nur von den Vertragsparteien vereinbart worden sein. Nach § 308 Nr. 5 BGB muss der Klauselverwender sich darüber hinaus verpflichtet haben, seinen Vertragspartner bei Beginn der Frist auf die Bedeutung seines Schweigens besonders hinzuweisen. Schließlich muss dieser Hinweis auch tatsächlich in einer Form erfolgen, die unter normalen Umständen Kenntnisnahme verbürgt.[69]

Gibt der Klauselverwender zwar den Hinweis, hat er sich aber dazu vertraglich nicht verpflichtet, tritt die Erklärungsfiktion nicht ein.[70]

In der Literatur wurde die Entscheidung abgelehnt, weil weder die anspruchsbegründende Übung noch die gegenläufige Übung rechtsgeschäftlich gedeutet werden konnten und deshalb ein Zugang zum AGB-Recht nicht gewährt sei. Der dogmatische Ansatz des BAG sei verfehlt.[71]

Arbeitgebern wird empfohlen, bereits das Entstehen einer betrieblichen Übung zu verhindern.[72] Wo bereits eine betriebliche Übung bestehe, bleibe nur die Möglichkeit einer Vereinbarung mit den Altarbeitnehmern und die Änderungskündigung.[73]

Die Entscheidung des Bundesarbeitsgerichts ist zu begrüßen. Sie schafft Transparenz in die Rechtsbeziehung von Arbeitgebern und Arbeitnehmern und dient der Vermeidung von Prozessen. Arbeitgebern ist zwar die Möglichkeit genommen, jahrelang gewährte Leistungen durch einen einfachen wiederholten Vermerk auf der Vergütungsabrechnung zu entziehen. In der Vergangenheit hatte dieser Versuch der Begründung einer gegenläufigen betrieblichen Übung aber häufig nur zur Belastung

---

69 BAG Urteil vom 18.03.2009 - 10 AZR 281/08, NZA 2009, 601, 603
70 BAG ebenda; Däubler, Dorndorf AGB-Kontrolle im Arbeitsrecht § 308 Nr. 5 BGB Randziff. 6
[71] Bieder, Die „gegenläufige"betriebliche Übung – neu entdecktes Phänomen des AGB-Rechts, DB 2009, 1929,1930; Roeder, Zweierlei Maß oder das Ende der gegenläufigen betrieblichen Übung, NZA 2009, 883ff.
[72] Roeder, Zweierlei Maß oder das Ende der gegenläufigen betrieblichen Übung, NZA 2009, 883, 886.
[73] Roeder, Zweierlei Maß oder das Ende der gegenläufigen betrieblichen Übung, NZA 2009, 883, 886.

von Arbeitsverhältnissen durch Auseinandersetzungen geführt, bei denen der Arbeitnehmer in der Regel seinen Anspruch aus betrieblicher Übung immer dann durchsetzten konnte, wenn er rechtzeitig reagierte.

V. Stichtagsklauseln – Rückzahlungsklauseln

1. Zulässige Bindungsdauer

Eine Stichtagsklausel macht eine Sonderzahlung davon abhängig, dass das Arbeitsverhältnis zu einem bestimmten Zeitpunkt ungekündigt besteht. Eine Rückzahlungsklausel verpflichtet den Arbeitnehmer, eine Gratifikation zurückzuzahlen, wenn das Arbeitsverhältnis vor einem bestimmten Zeitpunkt wegen einer Eigenkündigung des Arbeitnehmers oder aufgrund verhaltensbedingter Arbeitgeberkündigung endet.

Dem Arbeitgeber ist nicht schlechthin versagt, Sonderzahlungen mit Bindungsklauseln zu versehen,[74] solange die Zahlungen nicht ausschließlich Gegenleistung für schon erbrachte Arbeit sind.[75] Das gilt sowohl für Klauseln, in denen sich der Arbeitnehmer verpflichtet, erfolgte Sonderzahlungen zurückzuerstatten, wenn er vor einem bestimmten Zeitpunkt das Arbeitsverhältnis von sich aus kündigt *(Rückzahlungsklauseln)*, als auch für Regelungen, nach denen die Leistung der Sonderzahlung voraussetzt, dass der Arbeitnehmer zu einem bestimmten Zeitpunkt noch im Arbeitsverhältnis steht *(Bestandsklauseln, Stichtagsklauseln).* [76]

Allerdings dürfen derartige Klauseln den Arbeitnehmer nicht unangemessen benachteiligen. Insbesondere dürfen sie den Arbeitnehmer nicht in unzulässiger Weise in seiner Berufsfreiheit *(Art. 12 Abs. 1 GG)* behindern und unterliegen insoweit

---

[74] Bundesarbeitsgerich, Urteil vom 28. März 2007 - 10 AZR 261/06 - AP BGB § 611 Gratifikation Nr. 265.
[75] Bundesarbeitsgericht, Urteil vom 18.1.2012, 10 AZR 612/10, Rz. 21.
[76] Bundesarbeitsgericht, Urteil vom 18.1.2012, 10 AZR 612/10, Rz. 21.

einer Inhaltskontrolle durch die Arbeitsgerichte gemäß § 307 BGB.[77]

2. Keine Zulässigkeit der Bindung bei Vergütung für geleistete Arbeit

Eine Sonderzahlung, die jedenfalls auch Vergütung für bereits erbrachte Arbeitsleistung darstellt, kann in Allgemeinen Geschäftsbedingungen nicht vom ungekündigten Bestand des Arbeitsverhältnisses zu einem Zeitpunkt außerhalb des Jahres abhängig gemacht werden, in dem die Arbeitsleistung erbracht wurde. Eine derartige Klausel benachteiligt den Arbeitnehmer unangemessen im Sinne des § 307 Abs. 1 BGB.[78] Führt die Auslegung einer Klausel dazu, dass eine Sonderzahlung auch Vergütung für geleistete Arbeit ist, ist keine Stichtagsregelung möglich. Die Sonderzahlung darf dann nicht davon abhängig gemacht werden, dass das Arbeitsverhältnis noch zu einem bestimmten Zeitpunkt bestanden hat. Eine konkrete Anknüpfung an geleistete Arbeit ist für das Vorliegen einer Klausel mit Mischcharakter nicht zwingend. Das Bundesarbeitsgericht stellt darauf ab, wie sich die Gratifikation bei Verweildauer entwickelt:

> „Führt aber, wie nach der hier zu beurteilenden Klausel, die reine Beschäftigungsdauer zu einem massiven Anspruchsaufwuchs bis hin zu einer Verdoppelung des Grundgehalts, so liegt auf der Hand, dass der Grund dafür eben nicht die - als solche für den Arbeitgeber wertlose - Verweildauer selbst ist. Vielmehr hat die versprochene Zahlung ihren wahren Grund in der bereits erbrachten Leistung des Arbeitnehmers, die zuvor, gemessen an dem vom Arbeitgeber selbst zugrunde gelegten Verhältnis von Leistung und Gegenleistung, noch nicht vollständig abgegolten war."[79]

Das Bundesarbeitsgericht ergänzt, dass der Arbeitgeber bei Wirksamkeit einer solchen Regelung dem Arbeitnehmer ein inhaltsleeres Leistungsversprechen gäbe, wenn er sich der Leistung durch eine vom Arbeitgeber auszusprechenden Kündigung entziehen könnte: [80]

---

[77] Bundesarbeitsgerich, Urteil vom 28. März 2007 - 10 AZR 261/06 - AP BGB § 611 Gratifikation Nr. 265; Bundesarbeitsgericht, Urteil vom 18.1.2012, 10 AZR 612/10, Rz. 21.
[78] Bundesarbeitsgericht, Urteil vom 13.11.2013 – 10 AZR 848/12, NZA 2014, 368, 370ff.
[79] BAG Urteil vom 18. 01. 2012 - 10 AZR 612/10, NZA 2012, 561, 25f.
[80] BAG, Urteil vom 18. 01. 2012 - 10 AZR 612/10, NZA 2012, 561, 26.

„Selbst demjenigen Arbeitnehmer, der sowohl die entsprechenden Arbeitsleistungen und damit den Beitrag zum Erfolg des Unternehmens erbracht hat als auch von seiner Seite betriebstreu war, könnte der Anspruch entzogen werden. Das läuft auf die nur scheinbare Gewährung eines Rechtsanspruchs hinaus. Wesentliche Rechte des Arbeitnehmers, die sich aus der Natur des Vertrags ergeben, wären so eingeschränkt, dass eine Gefährdung des Vertragszwecks nicht fernliegt."

Nach der Entscheidung des Bundesarbeitsgerichts vom 18.01.2012[81] kann sich der Mischcharakter einer Gratifikation aus ihrem Verhältnis zur Grundvergütung ergeben. In dem vom Bundesarbeitsgericht entschiedenen Fall hatte die Grundvergütung € 4.500 betragen. Der Arbeitgeber leistete eine von ihm als widerruflich bezeichnete Sonderzahlung von € 13.500 und kündigte bei zum Stichtag ungekündigtem Arbeitsverhältnis eine Gratifikation von weiteren € 13.500 an.

VI.   Stichtagsregelung bei Aktienoptionen

Bei Aktienoptionen stehen neben der Vergütung für geleistete Arbeit die Gewinnchance und der Anreiz für künftige Arbeitsleistung im Vordergrund.[82] Im Gegensatz zu anderen Sondervergütungen haben Aktienoptionen einen ungleich größeren spekulativen Charakter. Bei jährlichen Sonderleistungen wie Bonuszahlungen, die vor allem eine zusätzliche Vergütung des Arbeitnehmers für im Kalender- oder Geschäftsjahr erbrachte individuelle Leistungen oder erreichte Ziele bezwecken oder auf den Erfolg des Unternehmens in einem Geschäftsjahr abstellen, steht nach Ablauf des Kalender- oder Geschäftsjahres fest, ob die Voraussetzungen für die Sonderleistung erfüllt sind. Ist dies der Fall, kann der Arbeitnehmer sie beanspruchen. Demgegenüber kann bei Aktienoptionen der bezugsberechtigte Arbeitnehmer auch bei guten eigenen Leistungen und einem für das Unternehmen erfolgreichen Geschäftsjahr mit der Werthaltigkeit der Bezugsrechte nicht zuverlässig rechnen. [83]Bei der Bestimmung der Erfolgsziele hat die Hauptversammlung der

---

[81] BAG, Urteil vom 18. 01. 2012 - 10 AZR 612/10, NZA 2012, 561.
[82] BAG, Urteil vom 28. 5. 2008 - 10 AZR 351/07 NZA 2008, 1066, Rz. 31ff.
[83] BAG, Urteil vom 28. 5. 2008 - 10 AZR 351/07 NZA 2008, 1066, Rz. 31ff.

emittierenden Gesellschaft ein weites Ermessen.[84]

Stichtagsregelungen werden in der Literatur als zulässig angesehen.[85]

VI.   Senkung übertariflicher Löhne und Herabgruppierung

1.   Allgemeines

Wenn eine übertarifliche Vergütung vereinbart ist, erfasst der Inhaltsschutz des Arbeitsverhältnisses auch die übertarifliche Vergütung.[86] Der Arbeitgeber ist grundsätzlich zur Zahlung der Vergütung verpflichtet. Eine Reduzierung erfordert Gründe im Sinne von § 1 KSchG.[87]

2.   Irrtümliche Eingruppierung

Bei irrtümlicher Eingruppierung unterscheidet das Bundesarbeitsgericht danach

- ob die Eingruppierung lediglich in Verkennung tariflicher Bestimmungen erfolgt ist oder

- ob zugleich ein einzelvertraglicher Vergütungsanspruch besteht.

a.   Eingruppierung in Verkennung tariflicher Bestimmungen

Wird eine zu hohe tarifliche Vergütung grundlos gezahlt, so kann die Zahlung des die tariflich geschuldete Vergütung geschuldeten übersteigenden Teilbetrages einseitig vom Arbeitgeber eingestellt werden.[88]

b.   Einzelvertraglicher Anspruch

Im Falle der bestandfesten einzelvertraglichen Zusage kann die irrtümliche Eingruppierung des Mitarbeiters in eine zu hohe Vergütungsgruppe ein dringendes

---

[84] BAG, Urteil vom 28. 5. 2008 - 10 AZR 351/07 NZA 2008, 1066, Rz. 31ff.
[85] Sura/Mosch, Stichtagsregelungen bei Aktienoptionene – „Last Man standing"? NJW Spezial, 2014, 434, 435; Lingemann/Diller/Mengel, Aktienoptionenen im internationalen Konzern – ein arbeitsrechtsfreier Raum? NZA 2000, 1191, 1193, 1195ff..
86 KR-Rost § 2 KSchG Rz.108.
87 K KR-Rost § 2 KSchG Rz.108
88 BAG Urteil vom 09.007.1997 – 4 AZR 635/95, NZA 1998, 494, 496

betriebliches Erfordernis für eine Änderungskündigung zum Zwecke der Rückführung in die richtige Vergütungsgruppe sein.[89]

c. Korrigierende Rückgruppierung bei Änderung des Tarifvertrags

Das Bundesarbeitsgericht behandelt die rückwirkende Änderung des Tarifvertrags entsprechend. Die Änderung führt zu einem dringenden betrieblichen Erfordernis für eine Rückgruppierung in die tariflich richtige Vergütungsgruppe und ist damit geeignet, eine Änderungskündigung zu begründen.[90]

3. Bewusst vereinbarte übertarifliche Eingruppierung

Anders verhält es sich bei der bewusst vereinbarten übertariflichen Eingruppierung. In diesem Fall will der Arbeitgeber den Arbeitnehmer bewusst aus dem allgemeinen Lohngefüge herausheben. Er kann die Vergütung deshalb nicht ohne Weiteres rückgängig machen.[91]

§ 3 Teilbefristung

1. Allgemeines

Einzelne Vertragsbestandteile können befristet vereinbart werden wie

- Arbeitszeit

- Entgelt

- Sozialleistungen.[92]

Wenn durch die Befristung die Umgehung des Änderungsschutzes möglich ist, ist ein Sachgrund erforderlich.[93] Allerdings ist das Teilzeit- und Befristungsgesetz nach

---

89 BAG Urteil vom 15.03.1991 – 2 AZR 582/90, AP Nr. 28 zu § 2 KSchG; BAG Urteil vom 09.007.1997 – 4 AZR 635/95, NZA 1998, 494, 496
90 BAG Urteil vom 09.007.1997 – 4 AZR 635/95, NZA 1998, 494, 496.
91 BAG Urteil vom 15.03.1991 – 2 AZR 582/90, AP Nr. 28 zu § 2 KSchG III 1. Bb.
92 Preis, Arbeitsvertrag, II V 70 Rz.73ff
93 KR-Rost § 2 KSchG Rz.54j

Auffassung des Bundesarbeitsgerichts nicht auf die Befristung einzelner Vertragsbedingungen anzuwenden.[94]

2. Befristung im vorformulierten Vertrag

Befristungen im vorformulierten Vertrag werden an den §§ 305 ff BGB gemessen. Wäre die Befristung des gesamten Arbeitsverhältnisses nach dem TzBfG möglich, ist auch die Befristung einzelner Bedingungen wirksam.[95]

3. Ergänzende Vereinbarungen im bestehenden Arbeitsverhältnis

Wenn Vereinbarungen zur Befristung individuell ausgehandelt worden sind, gelten die allgemeinen Grenzen von Treu und Glauben der guten Sitten. Allerdings wird es für den Arbeitgeber in der Regel nicht einfach sein, das „Aushandeln" zu beweisen.

§ 4 Änderungskündigung zur Änderung der Arbeitsbedingungen

1. Randbereich vertraglicher Vereinbarung - Nebenabreden

Der Arbeitgeber kann sich von Arbeitsbedingungen lösen, wenn die Voraussetzungen einer Änderungskündigung vorliegen. Eine Änderungskündigung setzt ein dringendes betriebliches Änderungserfordernis im Sinne des § 2 Satz 1, § 1 Abs. 2 Satz 1 KSchG voraus.

Möchte sich der Arbeitgeber wegen veränderter Umstände von einer Nebenabrede lösen, so kann dies eine Änderungskündigung erforderlich machen, wenn die Parteien nicht von vornherein in der Nebenabrede einen Widerrufsvorbehalt vereinbart haben.[96] Ein Widerruf kommt in Betracht, wenn die Parteien Nebenleistungen vereinbart haben, deren Gewährung an Umstände anknüpft, die nicht notwendig während der gesamten Dauer des Arbeitsverhältnisses

---

94 BAG, Urteil vom 3.9.2003 AP Nr. 4 zu § 14 TzBfG; BAG Urteil vom 8.8.2007 – 7 AZR 855/06, NZA 2008,229; KR-Rost § 2 KSchG Rz.54j
95 BAG Urteil vom 8.8.2007 – 7 AZR 855/06, NZA 2008,229, 231.
96 BAG, Urteil vom 27. 3. 2003 - 2 AZR 74/02, NZA 2003, 1029, 103; kritisch Berkowsky, Änderungskündigung zur Änderung von Nebenabreden, NZA 2003, 1130, 1132.

vorliegen.[97] Nach Auffassung des Bundesarbeitsgerichts kommt dies in Betracht, wenn Arbeitgeber und Arbeitnehmer einen Mietzuschuss vereinbart hatten, der ursprünglich die Preisdifferenz zwischen einer billigen Werkwohnung und einer Wohnung auf dem freien Markt ausgleichen sollte, wegen veränderter Umstände aber nun sachlich ungerechtfertigt ist.[98] Das gleiche kann für die Zusage einer kostenlosen Beförderung zum Betriebshof gelten.[99]

Ein Arbeitgeber, der sich in solchen Fällen auf eine wesentliche Änderung der maßgebenden äußeren Verhältnisse beruft, stützt sich auf Umstände, die außerhalb von §§ 1, 2 KSchG als möglicher Wegfall oder als mögliche Störung der Geschäftsgrundlage geprüft werden. Derartige Umstände können das Beharren auf der vereinbarten Leistung als unbillig und unberechtigt erscheinen lassen und geeignet sein, eine Änderung sozial zu rechtfertigen.[100] Das Bundesarbeitsgericht führt zu den Voraussetzungen einer Anpassung wegen Wegfalls der Geschäftsgrundlage aus:

> „Nach § 313 BGB ist ein Vertrag anzupassen, wenn Umstände, die zu seiner Grundlage geworden sind, sich schwerwiegend verändert haben. Geschäftsgrundlage sind die bei Vertragsschluss bestehenden gemeinsamen Vorstellungen beider Parteien oder die dem Geschäftsgegner erkennbaren und von ihm nicht beanstandeten Vorstellungen einer Vertragspartei vom Vorhandensein oder künftigen Eintritt bestimmter Umstände, sofern der Geschäftswille der Parteien auf diesen Vorstellungen aufbaut (BAG 25. Juli 1990 – 5 AZR 394/89 zu II 2 a der Gründe, BAGE 65, 290; BGH 8. Februar 2006 – VIII ZR 304/04 - zu II 1 a der Gründe, ZIP 2006, 765). Voraussetzung für eine Vertragsanpassung ist, dass die Parteien den Vertrag nicht oder mit anderem Inhalt geschlossen hätten, wenn sie die Änderung vorausgesehen hätten, und dass einem Teil unter Berücksichtigung aller Umstände des Einzelfalls, insbesondere der vertraglichen oder gesetzlichen Risikoverteilung, das Festhalten am unveränderten Vertrag nicht zugemutet werden kann."[101]

Führt die Einführung eines Tarifvertrages dazu, dass der Arbeitnehmer tariflich weniger verdienen würde als nach dem AT-Vertrag, führt dies zu keinem Wegfall der Geschäftsgrundlage. Das Bundesarbeitsgericht:

---

[97] BAG, Urteil vom 20.06.2013 – 2 AZR 396/12, NZA 2013, 1409, 1411.
[98] BAG 28. April 1982 - 7 AZR 1139/79 – DB 1982, 1776ff.
[99] BAG, Urteil vom 27. 3. 2003 - 2 AZR 74/02, NZA 2003, 1029, 1030ff.
[100] BAG 8. Oktober 2009 - 2 AZR 235/08 - Rn. 31 ff, NZA 2010, 465, 467.
[101] BAG 8. Oktober 2009 - 2 AZR 235/08 - Rn. 31 ff, NZA 2010, 465, 467.

„Es liegt im Risikobereich des Arbeitgebers, dass er die Tätigkeit des Arbeitnehmers im Rahmen eines frei ausgehandelten Vertrags höher dotiert, als dies einer späteren tariflichen Bewertung entspricht. Ohnehin sind Tariflöhne Mindestlöhne. Dem Arbeitgeber ist es grundsätzlich nicht verwehrt, seine Arbeitnehmer übertariflich zu vergüten."[102]

---

[102] BAG 8. Oktober 2009 - 2 AZR 235/08 - Rn. 31 ff, NZA 2010, 465, 468.

Die Umgestaltung der Vergütung von einer pauschalen Abgeltung von Überstunden in eine von der tatsächlichen Arbeitszeit abhängigen Vergütung erfasst nicht nur den Randbereich vertraglicher Vergütung.[103]

2. Dringendes betriebliches Änderungserfordernis

Ein dringendes betriebliches Änderungserfordernis verlangt nach Auffassung des Bundesarbeitsgerichts, dass alle anderen Möglichkeiten der Kostenreduzierung ausgeschöpft sind. Der Eingriff in das arbeitsvertraglich vereinbarte Verhältnis von Leistung und Gegenleistung ist allenfalls gerechtfertigt, wenn bei dessen Beibehaltung betrieblich nicht mehr auffangbare Verluste entstünden, die absehbar zu einer Reduzierung der Belegschaft oder sogar zu einer Schließung des Betriebs führen müssten.[104] Regelmäßig bedarf es zur Rechtfertigung eines solchen Eingriffs eines umfassenden Sanierungsplans, der alle im Vergleich mit der beabsichtigten Änderungskündigung milderen Mittel ebenfalls ausschöpft. Das Bundesarbeitsgericht formuliert:

„Die Unrentabilität des Betriebs kann einer Weiterbeschäftigung des Arbeitnehmers zu unveränderten Arbeitsbedingungen entgegenstehen und ein dringendes betriebliches Erfordernis zur Änderung der Arbeitsbedingungen sein. Voraussetzung ist, dass durch die Senkung der Personalkosten die Stilllegung des Betriebs oder eine deutliche Reduzierung der Belegschaft verhindert werden kann und die Kosten durch andere Maßnahmen nicht zu senken sind."[105]

Das Bundesarbeitsgericht verlangt vom Arbeitgeber in diesem Zusammenhang, dass er

- die Finanzlage des Betriebs,

- den Anteil der Personalkosten und

- die Auswirkung der erstrebten Kostensenkungen für den Betrieb und für die Arbeitnehmer darstellt und

---

[103] BAG, Urteil vom 20.06.2013 – 2 AZR 396/12, NZA 2013, 1409, 1411.
[104] BAG, Urteil vom 20.06.2013 – 2 AZR 396/12, NZA 2013, 1409, 1411.
[105] BAG 10. September 2009 - 2 AZR 822/07, NZA 2010, 333, 336- Rn. 25.

-   darlegt, warum andere Maßnahmen nicht ausreichen oder nicht in Betracht kommen.[106]

Arbeitgeber dürften kaum in der Lage sein, die vom Bundesarbeitsgericht verlangten Bedingungen zum einseitigen Eingriff in eine vertraglich festgelegte Vergütungsstruktur nachzuweisen.

§ 5   Bonus – Zielvereinbarungen

I.   Höhe abhängig von Zielerreichung

Vergütung kann von dem Erreichen von Zielen abhängig gemacht werden. Ziele können auf die Leistung des Mitarbeiters und den Unternehmenserfolg und auf messbare Ziele wie Gewinn, Umsatz, Kosten oder Motivation, Qualifikation abstellen. Die Höhe der Bonuszahlung hängt davon ab, wie der Arbeitnehmer die vereinbarten Ziele erreicht hat und welchen wirtschaftlichen Erfolg der Arbeitgeber erzielt hat. Oft werden dazu individuell oder kollektivrechtlich Rahmenvereinbarungen getroffen.[107] Die vereinbarten Ziele können von Unternehmensstrategie und Personalpolitik abhängig sein. In der Literatur[108] werden genannt:

-   Abschluss bestimmter interner Projekte,

-   Erreichen bestimmter Umsatzgrößen

-   Akquise einer bestimmten Anzahl von Neukunden

-   überschreiten bestimmter Kennzahlen z.B. EBIT (earnings before ineterest and taxes).

-   Überschreiten eines bestimmten Aktienkurs des Unternehmens

-   Erreichen eines bestimmten Gewinns der eigenen Abteilung

-   Grad der Erfüllung der übertragenen Aufgaben.

---

[106] BAG 26. Juni 2008 - 2 AZR 139/07 NZA 2008, 1182, 1183 Rn. 20.
[107] Preis-Lindemann, II Z 4 ff.
[108] Preis-Lindemann, II Z 12.

Unterschieden wird zwischen „harten" und „weichen" Zielen. Als „hart" gelten qualitative Faktoren wie Umsatz, Anzahl von Neukunden, abrechenbare Stunden, Betriebsergebnis, als „weich" gelten Faktoren wie „Motivation steigern."[109] Die Beweislast für das Erreichen der harten Faktoren liegt beim Arbeitnehmer. Ist der Arbeitgeber der Auffassung, dass der Arbeitnehmer „weiche" Ziele nicht erreicht hat, liegt die Beweislast beim Arbeitgeber.[110]

Ein dynamischer Verweis auf einen vom Arbeitgeber aufgestellten Bonusplan "in der jeweils gültigen Fassung" ist nach einer Entscheidung des Bundesarbeitsgerichts unwirksam.[111] Die Bezugnahme führt zu einem Vertragsänderungsrecht des Arbeitgebers.[112]

II. Unterbliebene Zielvereinbarung

Unterbleibt die Zielvereinbarung, hat der Arbeitnehmer einen Anspruch auf Schadensersatz. Hat der Arbeitnehmer nach dem Arbeitsvertrag einen Anspruch auf einen variablen Gehaltsbestandteil, der von der Erreichung zu vereinbarender Ziele abhängig ist, und kommt eine Zielvereinbarung nicht zustande, ist der Arbeitgeber nach Ablauf der Zielperiode gemäß § 280 Abs. 1, Abs. 3, § 283 Satz 1, § 252 BGB verpflichtet, dem Arbeitnehmer wegen der entgangenen Vergütung Schadensersatz zu leisten, wenn er das Nichtzustandekommen der Zielvereinbarung zu vertreten hat.[113] Das Bundesarbeitsgericht:

> „Aus einer solchen Vereinbarung folgt die Verpflichtung des Arbeitgebers, mit dem Arbeitnehmer über die in der jeweiligen Periode zu erreichenden Ziele zu verhandeln. Er muss nach einer auf den Zeitpunkt des Angebots bezogenen Prognose Ziele vorschlagen, die der Arbeitnehmer in der Zielperiode erreichen kann. Der Verpflichtung zur Zahlung einer vereinbarten variablen Vergütung kann der Arbeitgeber sich nicht dadurch entziehen, dass er zwar verhandelt, aber Ziele anbietet, die der Arbeitnehmer nicht erreichen kann. Regelmäßig obliegt es dem Arbeitgeber, die Initiative zum Abschluss einer Zielvereinbarung zu ergreifen und ein konkretes Angebot vorzulegen. Unterbleibt dies, verletzt der Arbeitgeber die aus der Vereinbarung der variablen zielabhängigen Vergütung resultierende Verhandlungspflicht.

---

[109] Preis-Lindemann, II Z 5; Hundt, Zielvereinbarungen und Boni, Arbeit und Arbeitsrecht 2014, 364, 365.
[110] Preis-Lindemann, II Z 5; Hundt, Zielvereinbarungen und Boni, Arbeit und Arbeitsrecht 2014, 364, 365.
[111] Bundesarbeitsgericht , Urteil vom 11.02.2009 – 10 AZR 222/08, NZA 2009, 428, 430ff.
[112] Lembke, Die Gestaltung der Vergütungsvereinbarungen, NJW 2010, 321, 322.
[113] Bundesarbeitsgericht, Urteil vom 12.5.2010, 10 AZR 390/09, Randziffer 11.

Diese kann auch verletzt sein, wenn der Arbeitgeber einer Aufforderung des Arbeitnehmers nicht nachkommt, mit ihm eine Zielvereinbarung abzuschließen."[114]

Grundsätzlich ist davon auszugehen, dass der Arbeitnehmer die Ziele erreicht hätte, es sei denn der Arbeitgeber legt Umstände dar, die diese Annahme ausschließen.[115]

III. Freiwilligkeitsvorbehalt

Bonuszahlungen können als Vergütung für geleistete Arbeit nach aktueller Rechtsprechung des Bundesarbeitsgerichts nicht mehr wirksam unter Freiwilligkeitsvorbehalt gestellt werden. Ein vertraglicher Freiwilligkeitsvorbehalt, der alle zukünftigen Leistungen unabhängig von ihrer Art und ihrem Entstehungsgrund erfasst, benachteiligt den Arbeitnehmer regelmäßig unangemessen im Sinne von § 307 Abs. 1 Satz 1, Abs. 2 Nr. 1 und Nr. 2 BGB und ist deshalb unwirksam.[116] Das Bundesarbeitsgericht begründet diese Auffassung damit, dass dem Arbeitnehmer zugesagte Vergütung nicht wieder entzogen werden kann. Es führt aus:

> „Der Ausschluss jeden Rechtsanspruchs bei laufendem Arbeitsentgelt widerspricht dem Zweck des Arbeitsvertrags. Dem Arbeitgeber soll damit ermöglicht werden, vom Arbeitnehmer die vollständige Erbringung der geschuldeten Leistung zu verlangen und seinerseits über die von ihm geschuldete Gegenleistung zu disponieren. Damit verhindert der Ausschluss des Rechtsanspruchs die Verwirklichung des Prinzips der Vertragsbindung und löst die synallagmatische Verknüpfung der Leistungen beider Vertragsparteien. Die Möglichkeit, eine nach Zeitabschnitten bemessene Vergütung grundlos und noch dazu ohne jegliche Erklärung einzustellen, beeinträchtigt die Interessen des Arbeitnehmers grundlegend. Dies gilt auch dann, wenn es sich bei den unter einem Vorbehalt stehenden Leistungen nicht um die eigentliche Grundvergütung, sondern um eine zusätzliche Abgeltung der Arbeitsleistung in Form einer Zulage oder sonstiger laufender Leistungen handelt *(BAG 25. April 2007 - 5 AZR 627/06 - Rn. 20, BAGE 122, 182; Schaub/Linck § 35 Rn. 70 f.).*"[117]

Im Urteil vom 19.03.2014 führt das Bundesarbeitsgericht aus:

> „Darüber hinaus benachteiligt ein Freiwilligkeitsvorbehalt den Arbeitnehmer unangemessen, wenn er dem Arbeitgeber das Recht zubilligt, trotz Abschluss einer vergütungsorientierten Zielvereinbarung nach Ablauf der Beurteilungsperiode frei darüber zu entscheiden, ob eine Vergütungszahlung erfolgt oder nicht. Mit Abschluss einer Zielvereinbarung, die Vergütungsbezug hat, setzt der Arbeitgeber Leistungsanreize für den Arbeitnehmer und bestimmt damit, wie aus seiner Sicht die Arbeitsleistung in einer bestimmten Periode durch den Arbeitnehmer optimal erbracht werden soll. Die in Aussicht gestellte erfolgsabhängige

---

[114] Bundesarbeitsgericht, Urteil vom 12.5.2010, 10 AZR 390/09, Randziffer 11.
[115] BAG, Urteil vom 10. 12. 2008 - 10 AZR 889/07,NZA 2009, 256 Randziffer 24
[116] Bundesarbeitsgericht, Urteil vom 14.9.2011, 10 AZR 526/10, NZA 2012, 81
[117] Bundesarbeitsgericht, Urteil vom 14.9.2011, 10 AZR 526/10, NZA 2012, 81, Randziffer 37.

Vergütung steht damit im Gegenleistungsverhältnis; sie ist Teil der Gegenleistung für die erbrachte Arbeitsleistung des Arbeitnehmers *(BAG 12. April 2011 - 1 AZR 412/09 - Rn. 25, BAGE 137, 300; 12. Dezember 2007 - 10 AZR 97/07 - Rn. 25, BAGE 125, 147).* Dies wird - unabhängig von der Wirksamkeit der Regelung *(vgl. dazu BAG 1. September 2010 - 5 AZR 517/09 - Rn. 15, BAGE 135, 250)* - auch aus § 4 Abs. 2 Satz 5 des Arbeitsvertrags deutlich, wonach mit der Zahlung eines etwaigen Bonus auch Überstunden/Mehrarbeit sowie bestimmte Zuschläge und Zulagen abgegolten sein sollen. Mit diesem Gegenleistungscharakter ist es nicht zu vereinbaren, wenn sich der Arbeitgeber das Recht vorbehält, trotz erbrachter Arbeitsleistung und auch dann, wenn der Arbeitnehmer die vereinbarten Ziele erreicht, den Vergütungsanspruch entfallen zu lassen und nicht, wie hier, nach billigem Ermessen darüber entscheiden zu müssen *(BAG 14. November 2012 - 10 AZR 783/11 - Rn. 40, BAGE 143, 292; 29. August 2012 - 10 AZR 385/11 - Rn. 43)."*[118]

Ergibt die Auslegung einer arbeitsvertraglichen Regelung, dass Vergütung für geleistete Arbeit unter Freiwilligkeitsvorbehalt gestellt ist, ist die Klausel unwirksam.

IV. Stichtagsregelung

Nach allgemeiner Meinung kann eine Bonuszahlung nicht an einen Stichtag geknüpft werden, wenn der Bonus ausschließlich an geleistete Arbeit anknüpft.[119]

In der Literatur wird die Auffassung vertreten, dass eine Stichtagsregelung dann zulässig ist, wenn sie auf eine Gesamtabwägung aller Ziele am Ende eines Jahres ermittelt wird.[120]

Daran kann man zweifeln. Die erste Schwierigkeit dürfte darin bestehen, eine entsprechend transparente Regelung zu gestalten. Problematisch wird auch die Gewichtung sein. Einem Mitarbeiter der alle persönlichen Ziele erreicht hat, Verkaufszahlen übertraf und neue Kunden akquirierte wird nicht vermittelbar sein, dass er keinen Bonus erhält, wenn er einen Monat vor Beendigung des Geschäftsjahres ausscheidet weil es an der Gesamtabwägung aller Ziele fehlt. Nach dem Urteil des Bundesarbeitsgerichts vom 19.03.2014[121] dürfte dies der Auffassung des Bundesarbeitsgerichts entsprechen.

Dementsprechend müssen persönliche Leistung des Arbeitnehmers und Unternehmenserfolg entkoppelt werden, wenn eine Zahlung an Unternehmenserfolg und Bestand des Arbeitsverhältnisses gekoppelt werden soll.

---

[118] Bundesarbeitsgericht, Urteil vom 19.3.2014, 10 AZR 622/13, Randziffer. 52.
[119] Heins/Leder, Stichtagsklauseln und Bonuszusagen – unvereinbar? NZA 2014, 520ff.
[120] Heins/Leder, Stichtagsklauseln und Bonuszusagen – unvereinbar? NZA 2014, 520, 522f.
[121] Bundesarbeitsgericht, Urteil vom 19.3.2014, 10 AZR 622/13, Randziffer 52.

V. Ermessensausübung

Der Arbeitgeber hat die Möglichkeit die Höhe erfolgsabhängiger Vergütung nach billigem Ermessen im Sinne des § 315 BGB[122] zu bestimmen. Wird im Vertrag die Formulierung verwendet, dass der Mitarbeiter einen Anspruch auf einen Leistungsbonus haben kann, muss der Arbeitgeber nach billigem Ermessen entscheiden. Hat ein Arbeitgeber nach § 315 BGB über einen Bonusanspruch zu entscheiden, der gleichermaßen auf der Ertragslage des Unternehmens wie auf der Leistung des Arbeitnehmers beruht, muss ein festzusetzendes Bonusbudget - in Abhängigkeit von der Ertragslage - regelmäßig eine Größenordnung erreichen, die den Leistungsbezug des Bonussystems beachtet und ausreicht, die durch Abschluss von Zielvereinbarungen angestrebten und tatsächlich erbrachten Leistungen angemessen zu honorieren.[123]

---

[122] § 315 BGB lautet: „(1) Soll die Leistung durch einen der Vertragschließenden bestimmt werden, so ist im Zweifel anzunehmen, dass die Bestimmung nach billigem Ermessen zu treffen ist. (2) Die Bestimmung erfolgt durch Erklärung gegenüber dem anderen Teil.
(3) Soll die Bestimmung nach billigem Ermessen erfolgen, so ist die getroffene Bestimmung für den anderen Teil nur verbindlich, wenn sie der Billigkeit entspricht. Entspricht sie nicht der Billigkeit, so wird die Bestimmung durch Urteil getroffen; das Gleiche gilt, wenn die Bestimmung verzögert wird.
[123] BAG, Urteil vom 19.03.2014 – 10 AZR 622/13, NZA 2014, 595, 598ff; Lingemann/Otte, Bonuszahlungen und Freiwilligkeitsvorbehalt – Die Gewichte verschieben sich, NJW 2014, 2400ff.

§ 6 Urlaub, Entgeltfortzahlung, persönliche Ziele und Provisionen

Während des Urlaubs erbringt der Arbeitnehmer keine Arbeitsleistung. Frage ist, was dies bei Vergütung bedeutet, deren Höhe vom Erfolg abhängig ist.

Nach allgemeiner Meinung sind Provisionen in die Berechnung des Urlaubsentgelts einzubeziehen.[124] Nach § 11 I BUrlG bilden die 13 Wochen vor dem Urlaub den Referenzzeitraum.[125]

Nach einer Entscheidung des EuGH vom 22.05.2014 verstößt jede

> „Verringerung des Arbeitsentgelts eines Arbeitnehmers hinsichtlich seines bezahlten Jahresurlaubs, aufgrund deren er möglicherweise davon absieht, sein Recht auf diesen Urlaub tatsächlich auszuüben"… „gegen das mit Art. 7 der Richtlinie 2003/88 verfolgte Ziel (vgl. in diesem Sinne u. a. Urteil Williams u. a., C-155/10, EU:C:2011:588, Rn. 21). Dass die Verringerung des Arbeitsentgelts, wie im Ausgangsverfahren, in der Zeit nach dem Jahresurlaub eintritt, ist dabei unerheblich."[126]

Danach muss „das Urlaubsentgelt grundsätzlich so bemessen sein, dass es mit dem gewöhnlichen Entgelt des Arbeitnehmers übereinstimmt. Daraus ergibt sich auch, dass eine finanzielle Vergütung den unionsrechtlichen Vorgaben nicht genügt, wenn sie gerade noch so bemessen ist, dass keine ernsthafte Gefahr besteht, dass der Arbeitnehmer seinen Jahresurlaub nicht antritt."[127] Daher muss „jede Unannehmlichkeit, die untrennbar mit der Erfüllung der dem Arbeitnehmer nach seinem Arbeitsvertrag obliegenden Aufgaben verbunden ist und durch einen in die Berechnung des Gesamtentgelts des Arbeitnehmers eingehenden Geldbetrag

---

[124] Franzen, Urlaubsentgelt, Provisionen und andere Vergütungsbestandteile, NZA 2014, 647, 648.
[125] § 11 I BUrlG: "Das Urlaubsentgelt bemisst sich nach dem durchschnittlichen Arbeitsverdienst, das der Arbeitnehmer in den letzten dreizehn Wochen vor dem Beginn des Urlaubs erhalten hat, mit Ausnahme des zusätzlich für Überstunden gezahlten Arbeitsverdienstes. Bei Verdiensterhöhungen nicht nur vorübergehender Natur, die während des Berechnungszeitraums oder des Urlaubs eintreten, ist von dem erhöhten Verdienst auszugehen. Verdienstkürzungen, die im Berechnungszeitraum infolge von Kurzarbeit, Arbeitsausfällen oder unverschuldeter Arbeitsversäumnis eintreten, bleiben für die Berechnung des Urlaubsentgelts außer Betracht. Zum Arbeitsentgelt gehörende Sachbezüge, die während des Urlaubs nicht weitergewährt werden, sind für die Dauer des Urlaubs angemessen in bar abzugelten."
[126] EuGH, Urteil vom 22.05.2014 – C-539/12 – Lock/British Trading Limited, Rz. 21ff
[127] EuGH Urteil vom 15.09.2011 – C 155/10 – Williams u.a. / British Airways Rz. 21

abgegolten wird, …..zwingend Teil des Betrags sein, auf den der Arbeitnehmer während seines Jahresurlaubs Anspruch hat."[128]

Dies wäre nicht der Fall, wenn der Arbeitnehmer während der Urlaubszeit nicht so gestellt würde, wie wenn er das in den 13 Wochen vor dem Urlaub erzielte Ergebnis erreicht. Nach bisheriger Rechtsprechung des BAG soll dies für Bonuszahlungen nicht gelten. Es bestehen ernsthafte Zweifel, ob dies mit europarechtlichen Vorgaben vereinbar ist.[129] Zumindest für den vom EuGH verlangten Mindesturlaub von vier Wochen jährlich muss mit einer europarechtlichen Korrektur der bisherigen Rechtsprechung gerechnet werden.

§ 7 Ergebnis

Es gibt verschiedene effektive Möglichkeiten, Arbeitsentgelt und Arbeitszeit zu gestalten und zu reduzieren. Allerdings verlangt das Bundesarbeitsgericht, dass der Arbeitnehmer erkennen kann, was auf ihn zukommt. Dies verlangt eine transparente Gestaltung der Arbeitsverträge. Der Arbeitgeber darf auch keine Regelungen gestalten, die dazu führen, dass er in nicht nachprüfbarer Weise über den Wegfall leistungsbezogener Vergütung entscheiden kann. Auch der Änderungskündigungsschutz darf nicht umgangen werden. Viele aus der Zeit vor der Schuldrechtsreform 2002 stammende Arbeitsverträge dürften Regelungen enthalten, die einer Überprüfung nicht Stand halten. Bei der Gestaltung neuer Verträge wird man die zahlreichen Entscheidungen des Bundesarbeitsgerichts der letzten Jahre berücksichtigen müssen.

Gesetzesänderungen sind nicht erforderlich. Die Vertragspraxis bietet zahlreiche Möglichkeiten der Flexibilisierung. Das Bundesarbeitsgericht hat zu zahlreichen Klauseln und Gestaltungsmöglichkeiten Stellung genommen. Bei einem Eingriff des Gesetzgebers würden allenfalls neue Fragen aufgeworfen. Damit ist aber weder Arbeitgeber noch Arbeitnehmer gedient.

---

[128] EuGH Urteil vom 15.09.2011 – C 155/10 – Williams u.a. / British Airways Rz. 24
[129] Franzen, Urlaubsentgelt, Provisionen und andere Vergütungsbestandteile, NZA 2014, 647, 649.

Literatur

Arens, Wolfgang/Düwell, Franz-Josef/Wichert, Joachim (Hrsg.)

    Handbuch Umstrukturierung und Arbeitsrecht, Deutscher Anwaltverlag

    Bonn, 2008.

Bauer, Jobst-Hubertus/Günther, Jens

    Heute lang, morgen kurz – Arbeitszeit nach Maß!, DB 2006, 950 – 951.

Berkowsky, Wilfried

    Änderungskündigung zur Änderung von Nebenabreden,

    NZA 2003, 1130 – 1133.

Bieder, Marcus,

    Die „gegenläufige" betriebliche Übung – neu entdecktes Phänomen des AGB-
Rechts, DB 2009, 1929 – 1940.

Dendorfer, Renate/Krebs, Thomas

    Kurzarbeit und Kurzarbeitergeld – Überblick unter Berücksichtigung des
Konjunkturpakets II, DB 2009, 902 – 912.

Erfurter Kommentar

    Erfurter Kommentar zum Arbeitsrecht - Müller-Glöge u.a.(Hrsg.)

    14. Auflage C.H.Beck München 2014

    Zitiert: Erfurter-Kommentar-Bearbeiter, §, Randziffer

Franzen, Martin

    Urlaubsentgelt, Provisionen und andere Vergütungsbestandteile, ,

    NZA 2014, 647- 649.

Heins, Claudia/Leder, Tobias

    Stichtagsklauseln und Bonuszusagen – unvereinbar? NZA 2014, 520 – 523.

Hanau, Peter/Preis, Ulrich

    Die Kündigung von Betriebsvereinbarungen, NZA 1991, 81 – 93.

Hoß, Axel

Neue Rechtsprechung zur Anrechnung der Tariflohnerhöhung,
NZA 1997, 1129 – 1138.

Hromadka, Wolfgang

Arbeitsrecht für Vorgesetzte, Rechte und Pflichten bei der Mitarbeiterführung,
dtv, 1. Auflage, Deutscher Taschenbuchverlag München, 2007.

Hümmerich, Klaus/Boecken, Winfried/Düwell, Franz Josef
AnwaltKommentar Arbeitsrecht Band 1 & 2.

Hundt, Daniel

Zielvereinbarungen und Boni, Arbeit und Arbeitsrecht 2014, 364 – 367.

Lemke, Mark

Die Gestaltung von Vergütungsvereinbarungen, NJW 2010, 257 – 263 und
321, 325.

Lingemann, Stefan/Diller, Martin/Mengel, Anja

Aktienoptionenen im internationalen Konzern – ein arbeitsrechtsfreier Raum?
NZA 2000, 1191- 1201.

Lingemann, Stefan/Otte,Jörn

Bonuszahlungen und Freiwilligkeitsvorbehalt – Die Gewichte verschieben sich,
NJW 2014, 2400 – 2402.

Palandt -Bearbeiter

Palandt, Bürgerliches Gesetzbuch Band 7, 73. Auflage 2014.

Preis, Ulrich (Hrsg.)

Der Arbeitsvertrag, Handbuch der Vertragsgestaltung 4. Auflage, Verlag
Dr.OttoSchmidt Köln, 2011
Zitiert: Preis-Autor, Der Arbeitsvertrag, Kapitel, Teil, Randziffer.

Preis, Ulrich/Necati, Lale/Suhre, Nadja

Innovative Arbeitsformen – Flexibilisierung von Arbeitszeit, Arbeitsentgelt,
Arbeitsorganisation, Verlag Dr.OttoSchmidt Köln, 2005.

Roeder, Jan-Jacob

Zweierlei Maß oder das Ende der gegenläufigen betrieblichen Übung,

NZA 2009, 883 – 886.

Rost, Friedhelm u.a.

KR Gemeinschaftskommentar zum Kündigungsschutzgesetz und zu sonstigen

kündigungsschutzrechtlichen Vorschriften.

Sura, Stephan/Mosch, Ulrich

Stichtagsregelungen bei Aktienoptionen – „Last Man standing"?

NJW Spezial, 2014, 434 - 435.

Schneider, Reinhold,

Die Anrechnung von Tarifverbesserungen, insbesondere Tariflohnerhöhungen,

auf übertarifliche Vergütungsbestandteile, DB 1993, 2530 – 2540.

Thüsing, Gregor

AGB-Kontrolle im Arbeitsrecht, Vertragsrecht und AGB-Klauselwerke,

Verlag C. H. Beck München, 2007.